# LETTRE

## A S. EXC. LE GRAND-MAITRE

### DE L'UNIVERSITÉ ROYALE

## DE FRANCE,

ÉVÊQUE D'HERMOPOLIS, PREMIER AUMÔNIER DU ROI, ETC. ;

### PAR J.-B. MÈGE,

DOCTEUR EN MÉDECINE DE LA FACULTÉ DE PARIS, MEMBRE DE LA SOCIÉTÉ ROYALE ACADÉMIQUE DES SCIENCES, DE L'ATHÉNÉE DE MÉDECINE, ET DE PLUSIEURS AUTRES SOCIÉTÉS SAVANTES, NATIONALES ET ÉTRANGÈRES,

AU SUJET DE SON EXCLUSION DU CONCOURS DES AGRÉGÉS PRÈS LA FACULTÉ DE MÉDECINE DE PARIS.

## PARIS.

PONTHIEU, LIBRAIRE, AU PALAIS-ROYAL ;
CREVOT, LIBRAIRE, RUE DE L'ÉCOLE-DE-MÉDECINE ;
BÉCHET JEUNE, PLACE DE L'ÉCOLE-DE-MÉDECINE.

MARS 1824

# LETTRE

## A S. EXC. LE GRAND-MAITRE

### DE L'UNIVERSITÉ ROYALE

## DE FRANCE,

ÉVÊQUE D'HERMOPOLIS, PREMIER AUMÔNIER DU ROI , ETC. ;

### PAR J.-B. MÈGE,

DOCTEUR EN MÉDECINE DE LA FACULTÉ DE PARIS, MEMBRE DE LA SOCIÉTÉ ROYALE ACADÉMIQUE DES SCIENCES, DE L'ATHÉNÉE DE MÉDECINE , ET DE PLUSIEURS AUTRES SOCIÉTÉS SAVANTES , NATIONALES ET ÉTRANGÈRES ,

AU SUJET DE SON EXCLUSION DU CONCOURS DES AGRÉGÉS PRÈS LA FACULTÉ DE MÉDECINE DE PARIS.

## PARIS.

PONTHIEU, LIBRAIRE, AU PALAIS-ROYAL ;
CREVOT, LIBRAIRE, RUE DE L'ÉCOLE-DE-MÉDECINE ;
BÉCHET JEUNE, PLACE DE L'ÉCOLE-DE-MÉDECINE.

MARS 1824

# LETTRE

AU

## GRAND-MAITRE DE L'UNIVERSITÉ ROYALE

DE FRANCE.

———

Monseigneur,

En m'excluant du concours des agrégés près la Faculté de médecine de Paris, le conseil royal de l'Instruction publique m'a privé de mes droits universitaires, et de l'espoir que devaient me donner de longues études et quinze ans d'expérience : celui d'arriver à l'enseignement. Néanmoins, considérant cet acte comme le résultat d'une calomnie ou d'un zèle mal entendu, j'avais l'intention de garder le silence et de me consoler de cette disgrâce, en me consacrant tout entier à la pratique de mon art; mais je dois céder aux instances de mes amis qui pensent que je ne puis pas me dispenser de publier des éclaircissemens sur une exclusion qu'on peut attribuer à quelques graves circonstances, comme un crime d'État, une atteinte à la morale, à la probité, etc.

Aussitôt qu'on m'eut appris que je n'étais plus au nombre des candidats, je m'empressai de me rendre chez Votre Excellence dans l'espoir de connaître les motifs secrets de mon exclusion, et de leur opposer ma conduite, mes travaux et mes services ; mais l'entretien, que vous eûtes la bonté de m'accorder, ne fut guère satisfaisant pour moi. Les raisons que vous me donnâtes ne me parurent pas être les véritables causes de mon rejet. En effet, quelle vraisemblance que le conseil royal m'ait exclu, « *parce que personne*, m'avez-vous » dit, *n'avait pu répondre de mes opinions politi-* » *ques et religieuses ?* » Deux certificats, l'un signé de trois médecins de la cour, et l'autre du maire et de trois notables de mon arrondissement, n'offraient-ils pas des garanties plus que suffisantes ? Et d'ailleurs, ne m'étais-je pas conformé en tout à ce que prescrivaient l'ordonnance et les arrêtés concernant le concours ? Y avait-il un article qui obligeât les candidats à fournir une attestation du curé de leur paroisse ? Votre Excellence me fit aussi l'honneur de me dire : *Qu'à la vérité, on ne me reprochait rien en particulier, mais que l'opinion qu'on s'était faite de moi, était le résultat d'un ensemble de choses.* Qu'est-ce donc qu'un ensemble de choses qu'on craint d'avouer en détail ? Si les parties ne sont pas susceptibles de démonstration, que doit-on penser de l'ensemble ?

Lorsque j'eus l'honneur de vous voir, si Votre Excellence n'eût pas été sur le point de sortir, et qu'elle m'eût favorisé d'une audience moins courte, il m'eût été facile, je pense, de lever les préventions qui existaient contre moi. J'aurais invoqué le témoignage de plusieurs personnes aussi recommandables par leurs travaux scientifiques que par leur attachement à la religion et à la monarchie; et votre sollicitude aurait peut-être cru me rendre justice, en me faisant réhabiliter dans l'opinion du conseil royal de l'université.

Aujourd'hui, Monseigneur, ce n'est pas cette faveur que je viens réclamer, c'est *mon indignité prétendue* que je vais essayer de détruire, au moins dans l'opinion publique. Puisque les motifs allégués par Votre Excellence sont trop faibles pour rendre raison d'une mesure aussi sévère, voyons si l'on a pu en trouver de plus puissans dans ma conduite et dans mes écrits, et si je ne suis pas victime d'une fausse interprétation. Je terminerai cette lettre par quelques réflexions sur la nature des concours publics, sur l'état des sciences et leurs divers modes de propagation.

α. A la fin de 1813, j'eus l'honneur d'être un des médecins que le ministre de l'intérieur envoya dans les départemens du Nord-Est de la France, pour y arrêter la propagation du typhus contagieux qui les ravageait, et qui avait déjà moissonné des milliers d'innocentes victimes de tous les fléaux de la guerre, de toutes les horreurs d'une retraite en désordre. Jeune alors, rempli d'ardeur pour l'exercice de la médecine et pénétré de toute l'importance de ma mission, je m'en acquittai, je crois, avec ce dévouement absolu qui brave toute

sorte de dangers pour l'accomplissement des devoirs (1). Mais il ne m'appartient pas, Monseigneur,

---

(1) Les hôpitaux, les églises, les autres établissemens publics, les habitations particulières, tout était encombré de
pestiférés ; soldats et citoyens, pauvres et riches, médecins et
prêtres, tous mouraient sans distinction : la mort frappait
dans tous les rangs, dans les proportions d'un à cinq. Les
infirmiers tombent malades, expirent ou s'enfuient ; on ne
trouve pas à les remplacer. Les chirurgiens manquent à
Mayence ; des hommes étrangers à l'art amputent des membres
gangrénés ; on abandonne les lieux infectés ; les malades sont
livrés à eux-mêmes ; ils se traînent dans les rues, succombent
au coin d'une borne, ou sur le seuil d'une porte, en implorant
des secours ; chaque matin, des tombereaux funèbres parcou-
rent la voie publique, pour recueillir les corps morts qui l'in-
fectent, et les campagnes voisines restent couvertes de chevaux
putréfiés, portant au loin leurs émanations empestées. Les causes
d'insalubrité augmentent avec une épouvantable rapidité ; les
malades se multiplient ; l'encombrement s'accroît ; les morts et
les mourans sont pêle-mêle ; on évacue sur Metz un bateau chargé
de trente à quarante agonisans confondus avec deux ou trois
cents cadavres... La consternation, la terreur et le deuil se répandent partout ; de grandes mesures sanitaires deviennent
indispensables ; mais il n'y a plus assez d'hommes capables de les
diriger ; toute proportion suffisante est détruite entre les malades
et les médecins!.. C'est dans ces déplorables circonstances que de
prompts secours sont sollicités par les autorités locales, et que
le gouvernement s'empresse d'organiser une expédition sani-
taire. Dix médecins sont d'abord choisis pour la composer :
j'en étais un. Quelques jours après, on en nomme dix-sept
autres qui vont rejoindre les premiers à Metz, ce qui fait
vingt-sept. Tous quittant volontairement famille, amis, clien-
tèle, sans traitement, sans autre espoir que celui d'être utiles

de parler ici de ma conduite particulière dans cette importante mission ; quel que soit le compte favorable qu'en aient rendu les autorités locales , je n'ai fait

---

à leur pays menacé de destruction et digne alors de tous les genres de dévouement. M. le professeur Fouquier, digne chef de cette expédition , reçoit des instructions qui l'autorisent à prendre toutes les mesures propres à arrêter les ravages de la peste , à détruire et à prévenir ses effets.

On commence par prendre les informations les plus exactes sur les causes de développement et de propagation du mal. On fait le recensement des mortalités ; on les compare au nombre des malades et à la population ; on étudie avec soin les symptômes et la nature de la maladie ; on examine les localités ; on apprécie, par les résultats, les divers moyens déjà mis en usage ; et, d'après ces notions et ces renseignemens, on arrête une méthode de traitement général, qu'on devra modifier suivant l'exigence des cas. Toutes les ressources de l'hygiène et de la prudence sont aussi opposées à la contagion. Chacun de nous se rend à sa destination et rivalise de zèle et de dévouement. Les encombremens sont bientôt dissipés ; les habitations assainies ; les esprits timorés reprennent courage ; le calme renaît ; et la promptitude des secours, l'efficacité des moyens fixent un terme prochain au fléau dévastateur. La maladie est réduite à sa plus grande simplicité : le typhus n'est plus qu'une affection légère ; presque tous les malades guérissent ; tout principe contagieux semble être détruit *.

---

* La contagion ne s'est manifestée d'une manière positive que dans les lieux encombrés ou mal aérés, et lorsque la maladie était au plus haut degré d'intensité. Dans ces cas, il y avait évidemment deux causes de propagation : 1º par foyer d'infection ; 2º par contact hors même du foyer. Dans l'un de mes rapports à la Faculté, j'ai donné des preuves de ces deux modes de communication.

que mon devoir, ainsi que mes honorables collè-
gues; et je suis loin de me plaindre que des récom-
penses promises ne se soient pas réalisées à mon
égard : le gouvernement avait de trop grands intérêts
à soutenir pour s'occuper d'actions individuelles,
qui, d'ailleurs, n'avaient rien d'extraordinaire,
puisqu'il s'agissait d'un dévouement de médecins.
Mais aujourd'hui, me reprocherait-on la date de
ces services? et serait-elle une cause de mon exclusion? je ne puis le penser; l'exercice de la médecine est heureusement placé au-dessus de toutes
considérations politiques : les malades sont tous
frères pour le médecin. Et d'ailleurs, au mois de
juin 1814, je fus honoré d'une seconde mission
pour le même objet, et toujours volontairement et
gratuitement (1). En 1821, j'ai offert mes services
au ministre de l'Intérieur, à l'occasion de la fièvre
jaune de Barcelone. Mais, si la plupart de nous
n'ont eu ni places, ni décorations, ni pensions ; si
les Chambres et les papiers publics nous ont laissés
dans l'oubli; si nous n'avons rien fait pour sortir de
notre honorable obscurité, au moins devions-nous
espérer que le gouvernement nous accorderait sa
bienveillance dans l'occasion; et que si l'un de
nous se présentait un jour dans un concours public, il n'en serait pas arbitrairement exclu.

β. J'ai propagé la vaccine autant que les circonstan-

---

(1) Je partis avec mes amis les docteurs Petit, Aubouër
et Verrier.

ces me l'ont permis; j'ai fait des vaccinations *gratuites* chez moi, ainsi que dans plusieurs villes et villages des environs de Paris; et, je dois le dire, je n'ai pas toujours été secondé par les maires et les curés. J'ignore d'où peut venir cette insouciance pour une découverte si éminemment utile; mais elle n'est que trop réelle, et paraît même prendre de l'accroissement, puisque, en 1820, il n'est mort à Paris que cent cinq individus de la petite vérole; qu'en 1821, deux cent soixante-douze y ont succombé, et qu'en 1822, on a eu à déplorer la perte de mille quatre-vingt-quatre (1). A quoi faut-il attribuer cette déplorable décroissance dans les vaccinations? serait-elle le résultat de quelque cause secrète? l'Église les considérerait-elle comme autant de sacriléges? ou bien y aurait-il des agens mystérieux chargés de s'opposer à toutes les découvertes utiles? Mais ces suppositions n'auraient aucune vraisemblance : l'illustre chef du clergé de Paris, le gouvernement, la famille royale prêchent et propagent d'exemple la vaccine. Mon zèle pour cette découverte, les lettres et les notes que j'ai publiées pour la revendiquer à l'Angleterre au profit de la France, ne peuvent donc pas être une des causes secrètes de ma défaveur (2).

---

(1) Voyez les Recherches statistiques de la ville de Paris; vol in-4°.

(2) De faux bruits contre l'efficacité de la vaccine et quelques faits insolites, quoique mal observés peut-être, auront

γ. J'ai fondé, conjointement avec M. Dubusc, notaire, une école d'enseignement mutuel, à Meulan, contre la volonté du maire de cette ville, mais avec l'approbation du préfet de Versailles, et les offres obligeantes qui nous furent faites par l'honorable philanthrope, M. le baron De Gérando, en sa qualité de secrétaire de la société pour l'instruction élémentaire. Cette société vint au secours de la souscription que nous avions ouverte, et nous pûmes réaliser notre entreprise. Le conseil municipal et les notables du pays assistèrent à notre séance d'inauguration, dans laquelle je prononçai un discours ayant pour titre : *Réflexions sur les institutions libérales en général, et sur l'enseignement mutuel en particulier.* Ce discours parut satisfaire l'auditoire; au moins les marques de bienveillance unanime qu'il excita durent me le faire penser, et me déterminèrent à le livrer à l'impression demandée.

---

suffi pour effrayer les personnes qui ont l'habitude de conclure du particulier au général, ou qui croient encore que la petite vérole est un mal nécessaire, quoiqu'elle fût inconnue des Grecs et des Romains, quoiqu'elle n'ait jamais existé dans certains pays, et que ce soient les Sarrasins qui nous l'aient apportée. Il serait absurde du reste de croire qu'il fût possible d'anéantir la vaccine : elle n'aura pas produit de vains résultats, sauvé de la mort ou préservé de difformités hideuses des milliers d'individus. Ce ralentissement d'ailleurs, il faut l'espérer, ne fera que mieux ressortir les avantages réels de cette découverte; le mépris qu'inspirent ses détracteurs, et la trop coupable négligence des indifférens.

La création de cette école serait-elle venue à la connaissance du conseil royal de l'Université, et me l'aurait-il reprochée ? m'aurait-il puni du bien que j'ai voulu faire ? Mais l'ordonnance du 29 février 1816 autorise la formation des associations pour l'enseignement mutuel ; mais, à l'époque où j'ai fondé l'école de Meulan (1819), je n'ai fait que seconder les vues du gouvernement et les intentions philanthropiques de M. le baron Destouches, préfet de Seine-et-Oise ; mais maintenant encore, de grands personnages, de dignes prélats, des ministres protègent l'enseignement mutuel et composent la société qui le propage. L'un des présidens honoraires de cette société, M. le duc de Doudauville, pair de France, directeur-général de la poste, dans le discours qu'il a prononcé au mois de juillet dernier, s'exprime ainsi, en parlant des associations de l'Angleterre pour l'enseignement mutuel : « A leur tête, *dit le noble pair,* on voit figurer les princes de la famille royale, les personnages les plus considérables de la Grande-Bretagne ; dans leurs rangs se confondent des citoyens de toutes conditions, de tous les âges, de tous les partis. » Je ne chercherai pas, Monseigneur, à justifier mes intentions en faisant ressortir ici les avantages de l'enseignement mutuel : l'expérience les a rendus incontestables pour ceux qui pensent qu'il est du devoir et de l'intérêt de la religion et des gouvernemens d'éclairer les hommes, de leur enseigner les principes de morale et de sociabilité qui doivent servir de règles à leurs actions.

Les réflexions qui composent mon discours sur l'enseignement mutuel, sont d'une trop faible importance pour avoir fixé l'attention de l'autorité, et d'ailleurs elles n'ont rien qui doive lui déplaire. J'ai parlé avec franchise, avec conviction, en ami véritable du gouvernement, mais en ami juste. J'ai essayé de démontrer que les institutions libérales, c'est-à-dire d'intérêt général, lui offraient des garanties positives, et qu'il était de son devoir de les favoriser. J'ai dit ce qu'on ne saurait trop répéter : « *Que le bonheur des peuples est le plus ferme appui des trônes* (p. 2), » et j'ai prononcé ces mots : « *Insinuer que l'instruction rendue vulgaire peut compromettre l'intérêt du roi et de la religion, c'est insulter à la dignité d'un peuple libre ; c'est injurier le prince qui veut franchement le bonheur de ses sujets, c'est mettre en doute la réalité des dogmes de l'église...* » (p. 7).

Cette manière de voir n'a rien d'exagéré ; elle est si généralement adoptée que l'Université ne saurait la condamner hautement sans exposer la cause qu'elle voudrait défendre, sans se mettre en contradiction évidente avec elle-même, avec ses attributions essentielles.

δ. Un sujet d'exclusion bien autrement grave, s'il était fondé, que ceux que je viens de supposer et de combattre, serait celui d'être accusé, m'a-t-on dit, d'avoir professé le matérialisme dans l'un de mes ouvrages. A la vérité, dans un chapitre intitulé : *Généralités sur l'éducation*, j'ai parlé des passions comme étant le résultat de l'organisation; j'ai considéré leur connaissance dans ses rapports avec l'éducation; et j'ai fait voir que, ni les philosophes, ni les psycologistes, ni les législateurs ne pouvaient rien comprendre à la nature des affections et des besoins des hommes, ni par conséquent fonder un bon système d'éducation, sans avoir des notions exactes sur l'organisation et sur les lois vitales. Mais je n'ai pas parlé de la cause première de cette organisation et de ses lois; je n'ai pas attaqué leur essence originaire, je n'ai pas nié qu'elles fussent immatérielles : je les ai considérées en médecin, en physiologiste, c'est-à-dire, dans leur manifestation, comme dépendant de la disposition matérielle des organes. Et tant qu'il ne sera pas possible de voir sans yeux, d'entendre sans oreilles, de sentir et de penser sans cerveau; cette vérité ne sera contestée que par ceux qui aiment à se repaître de chimères et d'extravagances (1).

---

(1) On exige que les médecins fassent des professions de foi, qu'ils déclarent qu'ils croient à une puissance immatérielle maîtrisant l'univers; et qu'ils expliquent tous les phénomènes de la nature par l'intervention de cette puissance. Mais ils sortiraient alors des limites des sciences physiques qui veulent que ceux qui les étudient, se renferment dans le domaine des réalités sensibles. C'est malheureusement pour avoir exercé cette espèce d'empiétement, que tant de savans dis-

L'exposé que je viens de tracer, fait sans doute pressentir quelles doivent être, et ma conduite particulière, et mes opinions politiques et religieuses. Si ce qu'on a pu vous dire de moi, Monseigneur, n'était pas une conséquence du contenu de cet exposé, il y aurait imposture ou méprise. Autant que je le pourrai, mes actions seront toujours la représentation fidèle de mes pensées et de mes opinions. Médecin par inclination, je ne puis qu'être ami des hommes, de l'ordre et de la justice; étudiant par goût les sciences naturelles, livré constamment à l'observation des phénomènes sensibles, je ne me suis guère occupé d'idées spéculatives, et jamais d'utopie politique. Mais je suis pénétré de toute l'obéissance que l'on doit aux lois de l'État, ainsi qu'aux actes du gouvernement. Je sais que la sûreté individuelle, que la conservation des propriétés, dépendent de cette obéissance; je sais aussi

---

tingués d'ailleurs se sont jetés dans le vague des hypothèses, et qu'au lieu d'avancer les sciences, ils n'ont fait qu'en retarder les progrès. Ce n'est pas l'affaire des naturalistes de créer des systèmes du monde spirituel, ni d'influer sur les croyances des hommes.... Des dispositions et des rapports physiques, des effets sensibles, des conséquences et des applications rigoureuses : voilà les objets de leurs études et de leurs méditations continuelles.... Que les théologiens et les métaphysiciens s'emparent du reste et l'exploitent au profit des sociétés et des individus, et chacun sera remis à sa place; et les attributions seront, ce qu'elles doivent être, départies à qui de droit et réglées sur le grand but de perfectibilité physique et morale.

que je dois respecter la religion de l'État, et je la respecte : j'y suis né, j'y mourrai, je n'ai aucune raison d'en changer... Mais je ne pense pas que personne ait le droit d'interpréter, de censurer, de condamner ma conduite religieuse..... Ai-je donc blasphémé la religion chrétienne, troublé ses cérémonies, maltraité ses ministres, cherché dans mes discours ou dans mes écrits à la déconsidérer; ai-je attaqué ses dogmes et sa morale? Si je n'ai rien fait de tout cela, il est injuste, impolitique même, de me soupçonner d'impiété; et surtout de m'exclure d'un concours public, d'après de fausses ou puériles interprétations, d'après la simple possibilité que je puis avoir des idées antireligieuses, *personne ne s'étant présenté pour en répondre.* Quelle logique, et quelles conséquences en application générale !... Sans doute, j'avais beaucoup à redouter en me présentant à ce concours; déjà des exercices des plus brillans ont mis la plupart de mes compétiteurs au rang des plus savans médecins de notre temps; mais au moins, j'aurais pu leur disputer le prix d'un grand développement de connaissances; et je me serais consolé d'une défaite par l'honneur de m'être mesuré avec les jeunes athlètes de la médecine. J'aurais applaudi aux vainqueurs, et regretté pour eux qu'une place secondaire fût la mince récompense d'un mérite du premier ordre, d'une supériorité de talens digne des plus hautes fonctions de la Faculté.

Tout acte arbitraire qui n'atteint qu'un membre

de la société, et qui n'est pas de nature à être gé-
néralisé, est peu digne de fixer l'attention publique.
Mais quand, comme à celui qui fait le sujet de
cette lettre, il s'y rattache des considérations d'intérêt général, on ne saurait trop lui donner d'importance et de publicité.

Pour le but que je me propose, il est inutile
d'examiner si les ordonnances du 21 novembre 1822,
et du 2 février 1823, ont pu remplacer légalement
la loi du 14 frimaire an 3, et celle du 10 mai 1806;
c'est-à-dire si la Faculté, qui était le fait de ces
lois, a pu être dissoute et réorganisée par des
ordonnances. Cette question sera sans doute portée
aux Chambres à la session prochaine. Néanmoins,
sans blâmer ni justifier la sévérité des mesures qui
ont amené ce changement; sans critiquer la nouvelle organisation de la Faculté dans son ensemble,
je ferai quelques réflexions sur le rétablissement des
concours, qui avaient été supprimés le 12 août 1818.

Leur institution est incontestablement la voie
la plus sûre de reconnaître le vrai mérite des
candidats, de faire des choix équitables, et d'opposer une barrière insurmontable à l'intrigante
médiocrité. En principe, le rétablissement de cette
institution est donc un bienfait apprécié par les
hommes justes et studieux; et sous ce rapport,
comme sous quelques autres, la nouvelle Faculté
est créée sur des bases favorables aux progrès de
l'enseignement et de la science : il faut en rendre
grâce à la sagesse du gouvernement; mais il faut

aussi avouer qu'il n'a fait qu'une partie du bien qu'il s'était proposé, et que la forme du concours rend le fond presque illusoire; c'est ce que je vais essayer de démontrer.

On a beaucoup varié sur le mode le plus convenable au choix des professeurs. Des raisons puissantes ont été alléguées pour et contre les concours : il serait superflu de les reproduire ici. L'utilité des concours une fois admise en principes, il est clair que les formes doivent ressortir de l'essence. Tout concours, a dit M. le professeur Dupuytren, dans un discours des plus remarquables : « Tout concours doit avoir pour but le triomphe de la force sur la faiblesse, du mérite sur la médiocrité; autrement, il serait une injustice ou un piége.

» Il doit donner aux compétiteurs le moyen de déployer en liberté tous leurs genres de mérite.

» Or, il excite une concurrence entre tous les hommes livrés aux sciences dès leur entrée dans la carrière.

» L'enseignement, les écrits, la pratique, voilà les pièces de ce premier concours où beaucoup échouent, et où un petit nombre seulement réussit.

» A ce concours ouvert à tous, succèdent les concours particuliers, dont les lois et les règlemens déterminent l'objet, et dont ils fixent la durée et les conditions (1). »

_______________

(1) Page 46 du Disc. de M. le professeur Dupuytren, inséré dans le procès-verbal de la séance publique de la Faculté de médecine de Paris, 22 novembre 1821.

Il faut donc, avant tout, diviser le concours en deux parties; l'une dans laquelle on examine, on évalue les titres et les travaux antérieurs, et l'autre destinée à l'estimation des connaissances théoriques et pratiques, actuellement possédées par les candidats. Il faut aussi que ces deux genres d'examens soient également faits avec garantie, sévérité, publicité; et que tout prétendant qui réunit les qualités requises, ne puisse être exclu que par un jugement en forme de l'autorité compétente. Si ces conditions essentielles n'existent pas, le concours n'est qu'un vain simulacre, qu'un fantôme d'institution d'autant plus perfide, qu'il présente l'aspect de la justice et de la réalité.

Tel nous paraît le concours nouvellement rétabli. Il ne prescrit d'exercices que pour l'appréciation du mérite présent; ne dit rien sur le compte que l'on devrait tenir des ouvrages publiés et d'une réputation justement acquise dans l'enseignement, les hôpitaux ou la pratique particulière; il consacre à l'Université le droit d'exclure d'après de simples renseignemens; c'est-à-dire que l'Université se confère ce droit par l'art. suivant : « II. Le conseil royal ( *c'est lui qui parle* ) prendra sur la conduite des candidats tous les renseignemens qu'il croira nécessaires; et d'après ces renseignemens la liste des aspirans admis au concours sera définitivement arrêtée. »

Au lieu de donner à ce conseil un pouvoir illimité, l'ordonnance aurait dû établir les principales divisions du concours, et fixer les conditions sans lesquelles il n'est qu'illusoire, et peut-être quelque chose de moins, je veux dire peu digne des candidats dans certaines formalités à remplir. Par exemple, on exige que l'aspirant, médecin établi, connu, exerçant avec honneur sa profession, et souvent auteur de plusieurs ouvrages estimés, membre de plusieurs corps savans, atteste qu'il n'est pas un aventurier, un mauvais sujet, un charlatan des rues! L'indication de son domicile, son acte de naissance et son diplôme ne devraient-ils pas suffire? Et d'ailleurs, à quoi bon des certificats, puisque l'Université peut ne pas y avoir égard, *lors même qu'ils sont signés de trois médecins du Roi?* Ce qui serait pis encore que l'obligation de produire les certificats désignés dans l'annonce du concours (1), ce serait, de la part du conseil royal, une convention secrète d'après laquelle tout aspirant serait rejeté, *si personne ne se présentait pour répondre de ses opinions politiques et religieuses.* De deux choses l'une, Monseigneur, ou cette convention a existé, ou Votre Excellence ne m'a pas donné la véritable raison de mon exclusion : cette dernière proposition m'a paru la plus

---

(1) Le premier arrêté du concours (12 février 1823) ne fait mention que d'un certificat de bonne vie et mœurs; et l'annonce du concours prescrit de plus une attestation de trois médecins constatant qu'on n'a pas vendu de remèdes secrets, distribué d'écrits ou d'adresses sur la voie publique.

probable. — Et qui peut répondre des opinions d'autrui? Est-ce un courtisan, un ministre, un préfet, un ecclésiastique? Mais est-on bien sûr du répondant? Peut-on le juger sur la place qu'il occupe aujourd'hui, sur celle qu'il avait hier, ou qu'il espère demain? Peut-on lire au fond de son cœur ce qui peut y être en opposition avec ses rapports de nécessité ou d'intérêt personnel? Ses démonstrations sont-elles des marques de fidélité ou des grimaces calculées?.... Et n'aurait-on aucun doute sur le répondant, lui-même aura-t-il des certitudes sur la manière de voir de l'aspirant à recommander? N'en est-il pas de même pour la religion? Ne sait-on pas combien il est facile de se procurer des preuves de dévotion, et que de grands scélérats se sont cachés sous le masque de l'hypocrisie? Les Jean Châtel, les Ravaillac, les Desrues, et tant d'autres dont les noms souillent nos annales, ont osé profaner les saints autels par un fanatisme criminel ou de fausses pratiques de piété.

Lorsque les opinions politiques et religieuses n'ont donné lieu à aucun acte répréhensible, et qu'on les juge sur de simples présomptions, sur des attestations presque toujours vagues et douteuses, on s'expose à des erreurs plus ou moins graves; on augmente le nombre des hypocrites: l'impie présente un brevet de dévotion, et le jacobin un passe-port de royalisme. Les exemples d'une pareille effronterie sont trop fréquens pour qu'on puisse en douter. Cependant quels moyens prendre pour s'assurer de la moralité des candidats? L'Autorité peut-elle s'en rapporter à la confiance que doit inspirer leur profession? Mais les hommes n'en sont pas toujours dignes. Qu'on prenne donc des renseignemens si on les croit nécessaires; mais des renseignemens exacts sur les mœurs, les habitudes, la conduite des candidats; que, sans *attestation préalable,* l'autorité se mette à même de ne statuer que sur des choses positives et vraiment punissables; qu'elle se défie surtout de ce qui tient à la politique et à la religion; que l'accusé ne soit pas condamné sans être entendu; qu'il puisse faire valoir ses moyens de défense. Alors l'Université rendra des jugemens dignes d'elle; alors seulement ses exclusions seront utiles et justes; alors l'aspirant irréprochable n'aura pas été humilié par l'obligation de fournir des certificats de *bonne vie et mœurs.........* moyen aussi vil que peu sûr.

Mais pour que ces améliorations pussent être utilement appliquées, il faudrait que le concours en lui-même présentât des avantages réels et durables; que le nombre des agrégés ne surpassât pas celui des professeurs, que le grade d'agrégé fût convenablement payé, qu'il pût mener sûrement à celui de professeur en titre; que les travaux et l'ancienneté devinssent les seuls droits de priorité et d'éligibilité. En effet, si l'on n'a pas d'autre but que celui de devenir professeur en titre, les attributions d'agrégé ne valent pas la peine de concourir (1). Les trois premières années se passent en stage ; les trois suivantes, on est chargé de remplacer le professeur en cas d'absence ou de maladie ; on entre ensuite dans la classe des agrégés libres dont le nombre s'accroît de douze tous les trois ans, non compris les dix agrégés nommés sans concours. Et c'est, non-seulement, dans ces trois classes d'agrégés que l'Université doit prendre le professeur de la chaire qui vient à vaquer, mais encore dans « *les professeurs et les agrégés des autres facultés du royaume.* » Ainsi, dans quelques années, il y aura trois ou quatre cents prétendans pour une seule place vacante ! sera-t-elle occupée par le mérite, l'opinion ou le népotisme ? L'Université n'aura aucun moyen sûr de le savoir, la nomination aura lieu sans concours..... Quelle perspective pour les agrégés !.... Il fallait créer un second concours pour les professeurs, ou bien établir des droits positifs de priorité entre les agrégés, et augmenter ainsi leur espoir et leur émulation.

La question des concours est importante sans doute : il est à désirer qu'elle soit bien comprise, et que le gouvernement la résolve en faveur de l'enseignement. Mais les réflexions que je vais avoir

---

(1) Je ne désirais obtenir le grade d'agrégé que pour avoir le droit de faire un cours particulier auquel je travaille depuis long-temps. L'art. 4 de l'ordonnance du 2 février 1823 porte que « les seuls agrégés, dans le ressort de la Faculté de Paris, peuvent être autorisés par le grand-maître à faire des cours particuliers. »

l'honneur de soumettre à Votre Excellence sont d'un ordre plus général et plus relevé.

Tant que les connaissances ne sont pas suffisamment répandues, ou qu'il existe pour elles une espèce de monopole, des entraves, des moyens de communication incertains, longs et difficiles, elles restent stationnaires, comme elles l'ont été pendant des siècles dans l'Égypte sacerdotale, comme elles le sont encore en Chine. Il n'est donc pas vrai de dire que les lumières font des progrès *toujours* croissans. L'histoire des vicissitudes de l'esprit humain atteste qu'il n'avance qu'avec des circonstances favorables. Mais, lorsque les sciences sont le domaine de tous les hommes capables de les cultiver, et que des méthodes simples et analytiques en favorisent l'étude, leur marche est rapide, progressive, indépendante : on fait en vingt ans ce que vingt siècles n'ont pu faire. Notre époque en offre une preuve des plus frappantes. Pour les sciences physiques nous sommes à une distance immense des Grecs, des Romains et des temps postérieurs jusqu'à la fin du 18e siècle.

L'histoire naturelle s'est enrichie de méthodes et de systèmes qui déjà ont produit de grands résultats, ont donné lieu à des descriptions plus exactes, à des découvertes du plus haut intérêt. La physique est mieux étudiée, ses expériences sont plus rigoureuses, et ses applications plus utiles et plus générales. La chimie surtout s'avance à pas de géant ; elle surprend de plus en plus par

l'importance et l'exactitude de ses nombreuses découvertes, de ses heureuses applications en médecine, dans les arts, l'industrie et le commerce.
La géographie prend un nouvel essor; à Paris,
sa société naissante communique avec les savans
de tous les pays et donne les plus belles espé-
rances. La physiologie n'est plus le roman de la
médecine; elle est beaucoup plus expérimentale
que théorique; les fonctions des êtres animés et
les lois de leur organisation, sont expliquées
d'après une méthode d'investigation rejetant
toute théorie qui n'est pas l'expression des faits;
on cherche, sans les confondre, l'inconnu par le
connu. La chirurgie est portée à un degré de cer-
titude et de perfection fait pour étonner. Une ère
nouvelle commence de même pour la médecine :
fondée sur l'organisme animal, sur l'observation
des phénomènes vitaux, elle possède des principes
aussi positifs que ceux des autres sciences naturelles; la lenteur de sa marche n'est plus que la
conséquence de la multitude et de la variété des
objets dont elle s'occupe; pour les vrais médecins
plus d'esprit de système, plus de doctrines hypothétiques, plus de vaines conjectures, rien d'im-
portant au-delà des faits incontestables. Cette méthode tend à régénérer les sciences médicales, à
faire crouler leur ancien édifice pour le recons-
truire sur des bases indestructibles. Déjà la pré-
diction de Descartes se trouve réalisée : *La philo-
sophie*, a-t-il dit, *ne sortira du chaos des hypo-*

*thèses et de son obscurité qu'à la lueur du flambeau de la médecine.* Mais ce n'est-là qu'un des bienfaits indirects de la science de l'homme. Les maladies sont mieux connues ; on guérit plus souvent et plus promptement ; les causes d'insalubrité sont moins fréquentes et plus sûrement combattues ; le nombre et la gravité des infirmités sont dans les mêmes proportions, et le terme de la vie moyenne est reculé (1). Enfin les autres sciences, les arts et l'agriculture suivent l'impulsion générale. Toutes les connaissances humaines s'enchaînent et concourent au même but. Jamais elles ne furent si bien appréciées comme moyens de perfectibilité sociale. Eh qu'importe qu'il existe encore quelques partisans de l'ignorance, qui prétendent que les sciences ne sont que des instrumens de malheur, de misère et de dégradation ? Pleins du fameux discours de Rousseau, il me semble les entendre s'écrier d'une voix unanime : *Scythes, Vandales, Omar de tous les pays, accourez ; venez renverser nos monumens de gloire et de prospérité ; venez combler nos ports et nos canaux, raser nos villes et nos palais, incendier nos bibliothèques, nos manufactures, nos mécaniques, et tous ces objets d'arts, enfans de la mollesse et de la dépravation ; ramenez ces beaux siècles de barbarie et d'ignorance, ces mœurs agrestes et chevaleresques, si conformes à la na-*

_______________

(1) Voyez les curieuses et savantes recherches de statistique médicale, lues à l'Académie royale de médecine par mon honorable confrère le docteur Villermé (février 1824.)

*ture. Sparte, Lacédémone , Rome primitive, que vos lois et vos usages nous servent d'exemples ; que cette ardeur des combats , cette soif de sang et de carnage , cette résignation au mal qu'on peut éviter, ce mépris pour le bien qu'on peut se procurer, soient considérés comme des vertus héroïques qui mènent au vrai bonheur... Heureux temps des Spartiates et des Druides, c'est de votre retour que nous attendons cette félicité pure qu'on ne trouve que chez les Hottentots...* Mais ces rêveries ne seront jamais que d'une imagination malade et paradoxale. Il n'y a de nuisible que les doctrines erronées ; celles qui, loin d'éclairer les hommes sur leurs besoins et leurs devoirs, les trompent de mille manières sur leurs intérêts les plus chers.... C'est spécialement contre ces lumières abusives que se sont déchaînés Socrate dans Athènes, Caton le vieux à Rome, et Jean-Jacques à Paris... Cependant que l'humanité se rassure ; les fausses connaissances sont toujours en raison inverse des sciences physiques : l'état présent de ces dernières, et les nombreux moyens de les propager, garantissent leur triomphe, que l'enseignement peut agrandir encore, mais contre lequel il s'armerait en vain.

Les idées positives, le développement des facultés intellectuelles et leur destinée sont indépendans de la direction des études de colléges et des hommes qui les régissent. Que peuvent des exercices, des amplifications et des discours de distribution de prix faits dans un certain but, si des obstacles doivent ensuite s'opposer à ce but, si les préceptes qu'on aura enseignés ne se trouvent pas en rapport avec l'état actuel de la civilisation!... Dans les écoles on a pu penser d'après le maître; dans la société on pense d'après les institutions, les mœurs, les relations et les lumières.

Semblable à l'instruction des colléges, celle des écoles de médecine est purement élémentaire, et n'apprend pas plus l'art de guérir, que la rhétorique à faire un poëme. Il importe peu que le professeur soit imbu d'idées systématiques, qu'il enseigne que la fibre est simple ou composée, pourvu qu'il décrive les organes qui en sont formés, leurs propriétés et leurs fonctions. Des études approfondies et indépendantes apprendront bientôt à l'élève ce qu'il doit penser des assertions hasardées, des doctrines et des systèmes hypothétiques. La médecine en est à ce point, que les théories spéculatives sont séparées des faits et prises pour ce qu'elles valent. La manière brillante et spécieuse de les exposer peut bien séduire les gens incapables de voir et de penser par eux-mêmes; mais ce n'est pas sur de tels individus, ni sur l'enseignement scholastique, que l'humanité, que les sciences fondent leur espoir. C'est sur les hommes studieux et convenablement doués; sur les savans de tous les pays, sur leurs instituts, leurs travaux et leurs communications; sur les monumens et les établissemens scientifiques, les relations commerciales et politiques, les bibliothèques et l'imprimerie.... Voilà les sources intarissables qui répandent partout des torrens de lumières! Voilà les causes perpétuelles de conservation et de propagation du feu sacré!.... Que pourraient des livres mis à l'index, des auteurs condamnés, des épurations et des systèmes d'intrigue? Ne serait-ce pas vouloir éteindre le Vésuve avec un verre d'eau? Il faut voir les nécessités telles qu'elles se présentent et savoir s'en arranger; il faut, au lieu de s'épuiser en vains efforts pour les détruire, les adapter aux besoins des sociétés, à la sûreté des gouvernemens. Les besoins sociaux sont plus forts que les hommes : malheur aux gouvernans qui les méconnaissent! Cette méprise a toujours été la principale cause de l'instabilité des trônes et des empires.

Mais les nécessités du temps seront enfin comprises par notre auguste monarque : un de ses illustres descendans vient de les étudier au sein même de la victoire, et les vœux de la France entière se manifestent sous toutes les formes.... Secondez ces vœux légitimes, Monseigneur; hâtez le règne paisible de la justice et de l'ordre; votre position est des plus favorables. A la tête de l'enseignement, vous pouvez y introduire les améliorations qu'il réclame, faire cesser les abus et les doctrines qui peuvent lui donner une fausse direction et le détourner ainsi de la grandeur de son objet. Comme l'un des chefs de l'Église, comme premier aumônier du Roi, vous pouvez encore opérer le plus grand bien... Que du haut de la chaire, votre voix éloquente fasse retentir le temple du Seigneur de ses ins-

pirations divines ! Prêchez, avec cette force de logique et cette douce persuasion qui vous carac-
térisent, prêchez contre les jeux, la loterie, les
vices et les passions effrénées ; contre l'injustice,
l'arbitraire, l'intolérance, l'hypocrisie et le charlata-
nisme de toute espèce ; prévenez, par votre sagesse,
*les appels comme d'abus*; signalez les causes de
ralentissement du commerce et de l'industrie ; sol-
licitez, déterminez des mesures législatives capables d'extirper la mendicité, honte des États policés!
Que l'homme qui a des bras puisse en faire des
instrumens d'existence ; que le pauvre impotent
obtienne le pain que lui doit le riche ; faites abstrac-
tion des rangs et des fortunes ; et, comme l'immortel
Massillon, soyez le défenseur des malheureux, le
bienfaiteur de l'humanité et l'admiration des races
futures !.... Mais empêchez qu'un zèle maladroit
n'expose l'arche sainte, par des manœuvres impru-
dentes ; faites que sa direction ne soit plus réglée
sur la course du soleil, car c'est la terre qui tourne ;
Galilée l'a prouvé dans les fers...

Pour moi, je me croirais heureux si les réflexions
d'intérêt général, contenues dans cette lettre,
étaient prises en considération par des hommes
sages et puissans ; si la justesse et l'importance
qu'elles me paraissent avoir n'excitaient pas un coupable et funeste dédain : au lieu de me plaindre
de l'exclusion qui me les a suggérées, je remer-
cierais bien sincèrement le conseil royal de l'Université, et je joindrais des sentimens de reconnais-

sance au profond respect, avec lequel j'ai l'honneur d'être,

Monseigneur,

De Votre Excellence,

Le très-humble et très-obéissant serviteur,

MEGE, D. M. P.

Paris, le 1er mars 1824.

---

IMPRIMERIE DE J. TASTU, RUE DE VAUGIRARD, N° 36.

www.ingramcontent.com/pod-product-compliance
Ingram Content Group UK Ltd.
Pitfield, Milton Keynes, MK11 3LW, UK
UKHW021040220726
13924UKWH00001B/429